SPINNERS GESCHICHTE

VERSUCHTER MORD • SCHWERE
KÖRPERVERLETZUNG

EAST OAKLAND TIMES, LLC

EAST
OAKLAND

EINFÜHRUNG

Willkommen im San Quentin Staatsgefängnis! Komm und treffe deinen neuen „Zellennachbarn". Sein Name ist Jay Jay er hatte Probleme mit seiner Familie, Drogenabhängigkeit und Kriminalität. Tatsächlich begann sein Vorstrafenregister im Alter von 12 Jahren, als er und sein Freund jemand fast zu Tode geprügelt haben. Lassen Sie sich davon aber nicht beunruhigen, da Sie in jedem der My Crime-Bücher erfahren werden, dass jedes Verbrechen einen Grund hatte.

Diese Bücher sollen die Insassen aber weder rechtfertigen, noch verurteilen. Vielmehr sollen die Bücher dazu anregen über die Erfahrung und Motivationen der Insassen zu sprechen.

Die My Crime-Serie lässt Sie Richter sein. Ihr Urteil wird nicht nur über die Person selbst sein, sondern auch über deren Lebensumstände, die die kriminelle Einstellung geprägt haben. Die My Crime-Serie präsentiert das Leben eines unbekannten Häftlings zur öffentlichen Bewertung.

Jedes Buch wurde von einem Insassen über einen anderen

Insassen geschrieben. Jedes Buch erzählt von der Kindheit bis hin zur Kriminalität der Person, welche zur gegenwärtigen Inhaftierung geführt hat. Jedes Buch wird somit einen Einblick in die Kriminalität eines Häftlings bieten.

Diese Bücher sollen sich an die heutige Sichtweise über Strafen und Bestrafung anpassen. Als Bürger einer Demokratie ist das Verständnis von richtig und falsch essentiell, welches wir wiederum nutzen, um an der politischen Diskussion teilzunehmen. Idealerweise findet der Rechtsspruch der Gesetzgeber und der Gerichte größtenteils Zustimmung bei den Bürgern. Sollten die Bürger eben zustimmen, werden sie diese Rechtsprechung in der Zukunft wieder weiter fördern.

Als Mitglieder einer Gesellschaft kennen wir uns nicht gut genug, um immer die richtigen Antworten auf Gerechtigkeit zu haben. Die My Crime-Bücher bieten Ihnen die Möglichkeit sich über unbekannte Verbrecher zu informieren und alles zu erfahren, fast schon so, als ob Sie mit in der Zelle sitzen würden.

Vielen Dank, dass Sie das erste Buch der My Crime-Serie gekauft haben.

Bitten denken Sie daran, dass sie durch eine Bewertung andere dazu ermutigen, die Bücher der My Crime-Serie zu kaufen und somit EOTs Mission zu unterstützen.

Ich heiße Sie herzlich auf dieser Website willkommen! Sie können hier auf zusätzliche Inhalte wie Telefoninterviews, Buchentwürfe usw. für die Bücher zugreifen.

www.crimebios.com

Schließlich begrüße ich Sie auf der letzten Seite dieses Info-Buchs zu den Produzenten der My Crime-Serie, der East Oakland Times, LLC.

In Freiheit,

Tio MacDonald

Chefredakteur

EINE SCHWERE GEBURT

Das ist jetzt meine fünfte Haftzeit. Ich beginne gerade mein siebtes und letztes Jahr hier im Gefängnis. Ich wurde wegen schwerer Körperverletzung und versuchten Mordes eingesperrt. Ich war mittlerweile schon in zwei verschiedenen Gefängnissen und jetzt komme ich wieder nach San Quentin zurück. Ein Gefängnis, das mein ganzes Leben verändert hat.

Ich heiße Jay Jay und ich komme aus Sunnyvale, Kalifornien. Ich wurde in Santa Barbara von einer schönen Frau namens Athea geboren. Ich bin jetzt 53 Jahre alt und hier habe ich gelernt, dass Nachdenken das aller wichtigste ist. In diesem Sinne werde ich Ihnen meine prägendsten Jahre schildern.

Die Familie meiner Mutter waren frühe Sieder im Westen Amerikas und sie reisten überall durch die Weiten Amerikas. Ich habe zwei Brüder und keine Schwestern. Ich hatte auch einen jüngeren Bruder, welcher aber verstarb, bevor er ein Jahr alt wurde, weil er sich nicht füttern lassen wollte. Die Ärzte sagten meiner Familie aber nie, was wirklich das Problem gewesen ist. Ich glaube einfach, dass sie es zu der damaligen

Zeit nicht diagnostizieren konnten. Entweder wurde seine Krankheit noch nicht entdeckt oder es gab noch keine wirklich hilfreiche Medizin dafür. Manche sehen die Geburt, als ein Wunder an, aber bei mir gab es Komplikationen und es hätte in einer Tragödie enden können.

Meine Mutter Athea Louise (Lou) hatte schon frühzeitig Probleme während der Schwangerschaft. Sie hatte ab etwa 90 Tagen Blutungen bekommen und deswegen beschloss sie, ins Krankenhaus zu gehen. Als sie angekommen ist, wurde sie direkt wieder nach Hause geschickt, obwohl das Bluten nicht aufhörte. Jeder wusste, dass etwas nicht stimmen konnte, deswegen brachte mein Vater sie dann in die Notaufnahme und wieder wollte man sie erst abweisen, da es kein Notfall war. Sie stritten sich deswegen mit meiner Mutter und gaben schlussendlich doch nach und haben sie dann aufgenommen und im Krankenhaus untergebracht. Wir waren nicht privat versichert, also war es nicht möglich ein eigenes Zimmer zu bekommen. Somit gaben sie ihr ein Zimmer, welches sie mit einer älteren Dame teilen musste.

Einer Frau bei einer Schwangerschaft zu helfen, war damals noch etwas komplizierter und es gab nur grobe Methoden. Meine Mutter wurde in ein Bett gelegt und ihre Beine wurden mit Hilfe von Steigbügeln erhoben und ihr wurden Medikamente verabreicht, um sie etwas zu beruhigen. Sie haben mehrere Kissen unter ihre Beine gelegt, um die Gebärmutter etwas zu entlasten, da sie ihre Beine den ganzen Tag in diesen Steigbügeln hatte. Dies wurde alles gemacht, um sicherzugehen, dass ich in der Gebärmutter bleiben würde. Das Medikament stabilisierte sie und so musste sie für dreieinhalb Monate in dieser Position verharren.

Sie wurde dort dann von den Krankenschwestern betreut.

Diese waren sehr nett zu ihr und sie sahen immer wieder nach meiner Mutter und unterhielten sich etwas über die neuesten Geschehnisse in der Stadt und über die neuesten Folgen aus dem Fernsehen mit ihr.

Obwohl sie Medikamente nahm und immer noch in dieser unangenehmen Position lag, hatte sie wieder Krämpfe und sie verlor Blut. Das machte die Ärzte wieder nervöser und alle Krankenhausmitarbeiter dachten, dass sie mich während der Schwangerschaft verlieren würden.

Letztendlich verlor das Medikament an Wirkung und eigentlich war dies der letzte Ausweg. Sie spürte dann auf einmal Wasser und wusste, dass es an der Zeit war. Sie nahm ihre Beine aus den Steigbügeln und trat die Kissen unter ihr auf den Boden. Ihre Fruchtblase war geplatzt und so kam ich auf diese Welt.

✖ ✖ ✖

Ich hatte von Anfang an eine schwierige Kindheit, Ich wurde zweieinhalb Monate zu früh geboren und die Überlebenschancen für Frühchen lagen damals bei ca. 20%. Sie konnten mich nach der Geburt nicht einmal in den Armen halten, so wie es andere Mütter immer machen. Das machte sie wütend und sie fing an zu weinen. Ich kann mir nicht vorstellen, wie schlimm sich das für sie angefühlt haben muss. Sie sah ihr kleines Baby und durfte es nicht einmal anfassen.

Ich war so klein und untergewichtig, dass sie mich in einen Inkubator legen mussten. Dieser wird heute manchmal auch noch benutzt, aber mittlerweile können Mütter während dieser Zeit Kontakt mit ihrem Baby haben. All das wurde veranlasst, um mir das Leben zu retten. Der Inkubator sah aus wie eine

Metallröhre, die summte und zischte. Diese Maschine erzeugte künstliche Luft, damit ich darin atmen konnte.

Die Krankenschwester, welche im Dienst war, bat zusammen mit meiner Mutter den Arzt um Hilfe, um mich aus dem Inkubator zu holen. Die Schwester meinte, ich habe in den Armen meiner Mutter bessere Überlebenschancen. Sie meinte auch noch, dass es schon viele Kinder gab, die im Inkubator gestorben sind. Die Geborgenheit, die von einer Mutter ausgeht, ist etwas, das die Medizin nicht überbieten kann. Das ganze Personal hatte einige Besprechungen über was sie mit mir machen sollten. Schließlich wurde ich einer Woche später aus dem Inkubator geholt und meine Mutter konnte mich in ihren Armen halten.

Ich bin mir nicht sicher, ob es ein Segen oder ein Fluch war, geboren zu sein.

Mein richtiger Vater war nicht da, als ich geboren wurde. Ich habe ihn erst einige Zeit später kennengelernt. Mein richtiger Vater war wegen Scheckbetrugs im Bundesgefängnis Lompoc. Er hatte schottische und spanische Wurzeln und sein Name war Jessie Elsworth. Er war ein Marine und diente in Korea. Meine Mutter sagte, dass er wollte, dass ich am Veteranentag geboren werde, doch ist das aufgrund der Geburtskomplikationen nicht passiert. Ich denke die Wahrheit ist, dass er sich einfach in eine andere Frau verliebt hat und ihm jede ausrede recht war, um sich von meiner Mutter zu trennen.

Mir war klar, dass meine Mutter meinen Vater liebte, aber sie hatte zwei Jungs und niemanden, der sich kümmern könnte. Mein richtiger Vater hat unser Scheckbuch geklaut und mit seinem Namen unterschrieben – das war damals ein schweres Verbrechen. Er wurde eingesperrt, also heiratete sie dann den

Sohn des Mannes, der meinen Vater des Betruges beschuldigte. Das hat uns schließlich wirklich ohne Vater gelassen.

Ich habe einen älteren Bruder namens Jimmy, der 4 Jahre älter als ich ist. Wir standen uns schon immer sehr nahe, aber Jimmy hatte einen anderen Vater. Sein Vater war in der Armee und diente gerade seinem Land und Jimmy war meistens irgendwo anders im Land während der Schulzeit. Obwohl ich jünger als er war, hat er immer versucht mich in sein Leben zu integrieren.

Mit 6 Jahren habe ich angefangen, Alkohol zu trinken. Ich habe gesehen, wie meine Eltern dies taten und sie wirkten immer anders, wenn sie tranken, aber sie wirkten auch glücklicher. Das verleitete mich dazu auch zu trinken. Ganz zu schweigen davon, dass mir meine Eltern immer ein paar Schlucke zum Beruhigen gegeben hatten. Immer, wenn mich mein Vater in die Küche schickte, um Eis in sein Glas zu packen, nahm ich ein paar kleine Schlucke davon. Wenn der Schnaps unverdünnt war, schmeckte er nicht so gut. Aber als ich es dann mit Soda mischte, schmeckte es viel besser und so fing ich an, meine eigenen Getränke zu kreieren, wenn mein Vater außer Haus war.

Er schien auch nichts davon mitbekommen zu haben, wenn er wieder nach Hause kam. Jedoch hat er eines Tages, eine halb leere Flasche gesehen, die er gerade erst gekauft hatte und ich war der einzige, der Zuhause war, also vermutete er, dass ich es war. Er fragte mich, ob ich seinen Alkohol getrunken habe. Ich war komplett betrunken und antwortete lallend. Er hat mich daraufhin verprügelt.

Ich weiß nicht, ob er danach all die Male wusste, dass ich seinen Schnaps getrunken habe, also konnte ich immer noch kleine Shots auf seine Kosten trinken.

2

FAMILIENLEBEN

Trotz allem, was in meinen ersten Lebensjahren falsch gelaufen ist, hatte ich eine gute Erziehung. Wir lebten in Santa Clara, wo es mehr oder weniger wie in „Mayberry", einer alten Fernsehserie mit Andy Griffith und Ron Howard, aussah. Es war eine Kleinstadt mit einem ebenfalls kleinen Polizeirevier. Es gab nur drei Schulen und ich habe dort auch viele Freunde gefunden, mit denen ich viel Zeit verbracht habe. Ich finde, dass das gute an Santa Clara war, dass es eine enge Gemeinschaft gab.

Überall gab es freie Flächen und wir haben uns Festungen in den umliegenden Obstgärten gebaut.

Es lag auch ziemlich viel altes Holz herum, mit welchem wir gut bauen konnten. Wir benannten manche sogar nach Generälen aus dem 2.Weltkrieg. Unsere Festung hieß MacArthur.

Am meisten Spaß, hatten wir bei den Schlammschlachten. Es gab auch Obstkämpfe auf den Feldern. Können Sie sich vorstellen, von einem Stück faulen Obstes getroffen zu werden? Es hat einen ganz bestimmten Geruch von billigem Wein und Essig.

Manchmal haben wir in den Ferien Feuerwerkskörper auf einander geworfen, was wirklich eine große Herausforderung dargestellt hat. Man musste es anzünden und dann sofort werfen, ohne, dass es in den eigenen Händen explodierte. Wir wollten uns nicht gegenseitig verletzen, wir hatten nur unseren Spaß. Wir haben sogar Steinschleudern verwendet, um Feuercracker auf einander zu schießen.

Wir waren zwar sehr abenteuerlustig, aber dennoch gute Kinder. Wir sind auch auf Züge gesprungen, ohne auch nur die leiseste Ahnung zu haben, wo wir eigentlich hinfahren. Manchmal sind wir dadurch zwei oder drei Städte von Zuhause entfernt gewesen. Wir haben mit Obdachlosen gefeiert, weil sie immer etwas zu trinken für uns hatten und in anderen Städten haben wir auch manchmal nur mit den dortigen Kindern abgehangen. Dort waren auch immer viele Familien, es gab Portugiesen, Mexikaner, Indianer, Italiener, Iren und Afro-Amerikanische Familien. Wir haben uns mit allen trotz kultureller Differenzen gut verstanden. Und wenn wir einmal Meinungsverschiedenheiten hatten und uns gestritten haben, dann haben unsere Eltern geschlichtet.

Die Kirche, die wir regelmäßig besuchten, war nett und ich mochte sogar die Sonntagsschule. Ich habe nie verstanden, warum meine Mutter 45 Minuten bis eine Stunde brauchte, um einen VO5-Conditioner, auf dem Weg zur Kirche, in meine Haare zu kriegen. Sie würde mir immer wieder die Haare kämmen und am Ende hat alles, was sie gemacht hat, eh nichts gebracht, da die älteren Damen meine Haare wieder aufwirbeln würden. Das ist immer sofort in den ersten fünf Minuten in der Kirche passiert.

Die Damen gingen mir auf die Nerven, aber ich fand die Predigten immer interessant. Die Ältesten würden meinem

Bruder Jimmy immer Fragen stellen, wie z.b. „In welcher Klasse bist du jetzt?" oder „Bist du immer noch ein Einser-Schüler?"; Ich habe hingegen immer versucht mich vor diesen Leuten zu verstecken.

Mrs. Evelyn war die nervigste, da sie immer fragen würde: „Wo ist denn Jay Jay?" und jemand würde ihr dann wiederrum sagen, dass ich hinter ihr sitze. Dann drehte sie sich immer um und lächelte mich an. Ich habe dann angefangen, mich immer so hinzusetzen, dass sie mich nicht sehen konnte. Das habe ich immer so gemacht, bis mich meine Mutter schimpfte. Meine Mutter war nicht die strenge Person, aber mein Vater. Sie schrie uns immer nur an und er schlug uns immer sofort. Am Anfang hat uns das nicht sonderlich interessiert, aber meinen Vater eben schon.

Elsie Rose White und Edwin White sind meine Großeltern. Sie waren in einem Verkehrsunfall verwickelt, bei dem sie von einem betrunkenen Fahrer getroffen wurden. Die Mutter meiner Mutter ist verstorben und ihr Vater hat diesen Schicksalsschlag überlebt.

Der Bruder meiner Mutter starb später an einer Heroin-Überdosis. Das könnte passiert sein, da wir alle eine seltene Lupus-Sorte haben und somit liegt es in unserer Familie. Das kommt von der mütterlichen Seite meiner Familie. Ich weiß nicht wirklich viel über die Seite meines Vaters. Alles was ich weiß ist, dass er ein Marine war und, dass er oft betrunken und missbräuchlich war.

Der einzige Mann, den ich als meinen Vater kannte, war ein Navy Seal namens Jim. Er sollte eigentlich bei den Olympischen Sommerspielen 1972 mitmachen, denn er hätte Mark Spitz alt aussehen lassen. Er hat diese seltsame Anziehung zu Wasser. Immer, wenn wir irgendwo hinfahren würden, egal zu welcher Tageszeit oder an welchem Tag, würde sich schnell entkleiden und sofort ins Wasser gehen. Ich weiß nicht wie man schwimmt.

Während einem unserer Camping-Trips am Russian River fiel er aus einem Zehn-Mann-Floß, da ein Stein direkt durch die Mitte riss und alle Männer auf dem Floß versuchten ihn zu retten. Das Wasser war viel zu kalt und somit konnten sie ihre Hände nicht zu lange ins Wasser halten. Plötzlich tauchte er einfach wieder auf und sagte lachend: „Verdammt, das Wasser ist ja kalt!“. Er war ein Hillbilly aus Georgia.

Ich habe wirklich das Gefühl, dass Leben meines Vaters ruiniert zu haben. Seine Chance auf Ruhm habe ich ihm definitiv genommen. Eines Tages fuhren wir in seinem Firmenwagen am Washington park vorbei. Im Grunde genommen ist er in den Pool eingebrochen, indem er einfach über den Zaun sprang. Wie immer hat er das Wasser gesehen und hat sofort angehalten, um eine Runde zu schwimmen. Mein Bruder sprang zuerst über den Zaun und dann hoben sie mich schließlich auch noch rüber. Dann sprang mein Vater in den Pool und begann ein paar Runden unter Wasser zu schwimmen. Ich dachte, er wäre am Ertrinken. Ich sprang hinter ihm her und dachte ich hätte ihm das Leben gerettet. In Wirklichkeit, war er bei seinem letzten Atemzug und dann sah er mich im Wasser herumwirbeln und so kam er dann mir zur Hilfe. Das verursachte deine eine Lungenembolie, bei der sein Lungengewebe mehr oder weniger vernarbt wurde.

Er ging dann zum Arzt und die Röntgenbilder hatten keine guten Nachrichten. Ihm wurde mitgeteilt, dass seine Lunge permanent vernarbt bleiben wird, sie würde zwar weiterhin normal funktionieren, aber er durfte nichtmehr am Leistungssport teilnehmen.

Deswegen entdeckte das olympische Komitee das Problem auch bei einem seiner Lungenflügel. Somit hat mein Vater seine letzten Hoffnungen auf eine Karriere in seiner Leidenschaft verloren. Alle in meiner Familie sahen dies als meine Schuld an. Dies führte zu einem Konflikt zwischen den Familien meiner Eltern. Die Lungenembolie hielt ihn davon ab, in dem Jahr zu den Olympischen Spielen zu gehen und deswegen hat er Macht windelweich geprügelt, nachdem er diese Nachricht bekommen hat.

Die Situation mit meinem Vater war wirklich hart für mich, denn jedes Mal, wenn er mich ansah, sah ich nur Verachtung in seinen Augen. Ich fand meinen Trost darin, die Zigarettenstummel meiner Eltern zu stehlen. Ich weiß nicht wirklich, wie andere Leute anfangen zu rauchen oder Drogen zu nehmen, aber das ist meine Geschichte.

3

DROGEN IN DEN 1970ER JAHREN

Ich fing an Gras zu rauchen und natürlich auch Zigaretten. Ich habe Marihuana gefunden, da ich Zigarettenstummel aus dem Haus meiner Eltern gestohlen habe. Es war immer der, der mit Lippenstift beschriftet war und so habe ich ein paar Züge davon genommen und habe gespürt, dass es etwas anderes war. An einem anderen Tag, als ich wieder Zigaretten klauen wollte, habe ich wieder etwas gefunden, dass keine Zigarette war. Es war ein Joint. Mein Bruder hat das Gras an mir natürlich gerochen und sagte: „Du weißt, dass du Gras geraucht hast.". Er hat mich immer gewarnt und mir nahegelegt: „Du weißt, dass du dafür in Schwierigkeiten geraten wirst.".

Ich mochte Gras. Das Rauchen hat mir ein Gefühl von Lebendigkeit gegeben und ich konnte dabei immer entspannen, vor allem wurde ich von meinem Vater nicht mehr geschlagen, da ich ja seinen Schnaps nicht mehr getrunken habe. Er hatte nämlich immer meinen Atem gerochen, um zu prüfen, ob ich Alkohol getrunken habe. Ich kann mich noch daran erinnern, dass er mich manchmal gerufen hat, nur um meinen Atem zu riechen. Bei Gras bin ich mit meinem High immer davongekommen, da ich den Atemtest immer bestanden habe. Marihuana war gut, weil es mir geholfen hat, der Prügel von meinem Vater endgültig zu entkommen.

Die erste härtere Droge, die ich genommen habe, war Koks. Mein Bruder hatte sich gerade sein erstes Auto gekauft, eine 1974 Dodge Challenger. Ich saß auf dem Rücksitz, als wir gerade auf dem Weg zum Kino waren, um uns „Up In Smoke" mit Cheech Marin und Tommy Chong anzusehen. Irgendwie schien jedes Gras zu rauchen, und natürlich war ich auch high. Auf einmal holte ein Freund meines Bruders namens Brian etwas Kokain heraus. Brian war in Petes Smoke-Shop angestellt, wo Utensilien verkauft wurden. Die Produkte wurden zwar für Tabak verkauft, aber wir haben sie für andere Drogen benutzt. Mein Bruder nahm sich einen Spiegel und das Koks war aber schon zerhackt. Er hatte dann einen Strohhalm, denn er benutzte, um das Koks zu schnupfen. Das Koks weckte mich erst richtig auf, ich konnte nicht mehr stillstehen und mein ganzes Gesicht fühlte sich wie betäubt an. Das hat mir wirklich nicht gefallen, da ich eben mein Gesicht nicht mehr spüren konnte, es hat mich an Zahnarztbesuche erinnert. Koks war also nie auf meiner Favoriten-Liste.

Mit 10 Jahren hatte ich bereits schon mit vielen Drogen experimentiert. Ich habe Koks geschnupft, Pilze und LSD genommen und ich habe sehr viel Alkohol getrunken. Ich war zu dem Zeitpunkt aber nach keiner dieser Drogen süchtig, ich habe das Zeug immer nur in meiner Freizeit genommen, um gemeinsam mit Freunden abzuhängen und zu entspannen.

Ich war eigentlich ziemlich respektiert bei allen anderen Kindern, mit denen ich aufgewachsen bin, obwohl meine Größe eine gewisse Benachteiligung war. Ich weiß nicht, ob es an meinen Genen lag oder, dass ich ein Frühchen war. Dann hatte ich auf einmal einen kleinen Wachstumsschub, natürlich nicht von heute auf morgen. Als ich 3cm größer geworden bin, fühlte es sich an wie 30 cm.

Wir haben Baseball geliebt. Eines der Spiele, die wir regelmäßig spielten, war „Pickle". Wir haben das mit allen Kindern in unserem Block gespielt und es hat Spaß gemacht, da wir bei dem Spiel auch unser ganzes Baseball-Equipment verwenden konnten. Wir haben immer Handschuhe auf den Rasen gelegt und haben dann den Ball hin und her geworfen, während man versuchte, eine Base zu stehlen.

Das, was meine Mutter am meisten genervt hat, war, dass wir immer ihre Marmeladengläser geklaut haben. Wir nahmen ihre Welch's Grape Marmeladengläser und benutzen diese dann immer als unsere Trinkgläser. Natürlich befüllten wir sie mit Alkohol und setzten uns dann ins Baumhaus, um es zu trinken und um Gras zu rauchen. Meine Mutter wurde dann sauer, da wir die Gläser nie zurückbrachten.

Meine Mutter musste mich dann einmal zum Arzt bringen, da ich so aufgedreht war. Ich konnte kaum noch schlafen und deswegen verschrieb er mir Dexedrine, er sagte, es würde mir helfen. Dieses Medikament hat mich beruhigt, aber natürlich habe ich es dann auch an meine Freunde weitergegeben, da man davon auch high wurde. Alle haben es gemocht. Ich fühlte mich wieder lebendig und es hat mir geholfen, mich zu konzentrieren und alle Sorgen zu vergessen. Meine Mutter ist aufgefallen, dass die Pillen immer so schnell verschwanden, also hat sie die Verschreibung wurde aufgehoben. Sie sagte, dass sie sich das Medikament nicht mehr leisten könne. Es hat immer 10$ pro Wiederaufstockung gekostet und das waren ungefähr die Kosten des Essens für eine ganze Woche. Nachdem ich aufgehört, diese Droge zu nehmen, kam ich zunehmend in mehr

Schwierigkeiten. Später fand ich dann heraus, dass ich ADHS habe, was damals aber noch nicht diagnostiziert wurde. Ich war da gerade am Anfang meiner Junior High School.

Meine Mutter war sehr intelligent. Diese Gene wurde an meine Familie weitervererbt. Mein Bruder war zum Anfang seiner Junior High School fast 2 Meter groß und wir beide waren ziemlich schlau. Das Verrückte an der Sache ist, dass ich so schlau war, dass ich schon wieder dumm war.

Ich kann mich noch gut daran erinnern, als ich noch richtig klein und ungefähr 3 Jahre alt war – Damals war Santa Clara noch sehr klein und die ganze Stadt war mit Obstgärten und Felder ausgefüllt. Es gab so viele Felder mit Walnüssen, Kirschen, Erdbeeren und anderen leckeren Früchten. Früher gab es da auch noch keine Tore, die das Ganze in irgendeiner Weise verbargen. Den Besitzern schien es auch relativ egal zu sein, wenn man ein bisschen was abgepflückt hatte. Das war in den späten 1960ern und frühen 1970ern.

4

SILICON VALLEY, KALIFORNIEN

Es gab zu dem Zeitpunkt aufgrund des Vietnamkriegs natürlich viel Aufruhr. Ich habe so viele weinende Mütter gesehen, nachdem sie herausgefunden haben, dass ihre Söhne getötet wurden. Es gab mindestens einmal pro Monat Beerdigungen. Die Manson Familie war gerade auch sehr aktiv und deren Verfahren war die ganze Zeit in den Nachrichten. Patty Hearst und SLA haben auch die Schlagzeilen gemacht. Aber es gab auch etwas anderes, das mich die ganze Nacht wachhielt – Die größte Angst hatte ich vor dem Zodiac Killer.

Deswegen hatte mein Vater dann einen Hund gekauft, der jedes Mal, wenn jemand an unserem Haus vorbeiging, bellen würde. Manche Kinder aus der Nachbarschaft hatten sogar Angst vor ihm. Besonders lustig war, wenn er durch ein Loch im Zaun abgehauen ist und dann alleine in den Feldern herumlief und spielte.

Wir haben den Hund auch immer auf unseren Jagdausflügen mit dabeigehabt. Wir haben versucht Eichhörnchen und Hasen in den Feldern zu fangen, aber wir hatten keine Waffen, also haben wir immer probiert sie mit Steinen zu treffen. Natürlich

war das eine ziemliche Herausforderung für uns und nur ungefähr jedes 100.te Mal hatten wir Glück.

Eines Tages sind wir auf die Felder gegangen und haben
„Follow the leader" gespielt. Dabei trug ich einen roten Cordo-
verall, weiße Turnschuhe und ein blau-weiß gestreiftes Hemd.
Es ist irgendwie verrückt, aber wenn ich meine Augen schließe
sehe ich wieder alles direkt vor mir. Auf dem gleichen Weg war
dann ein Wanderer und jemand schrie plötzlich: „Es ist der
Zodiac Killer!" und wir alle sind dann wie verrückt schreiend
weggelaufen. Wir sind alle auseinandergelaufen und haben die
Mädchen zurückgelassen. Ich war so klein und ich lief so
schnell wie ich nur konnte. Als ich an dem Loch im Zaun ange-
kommen bin, standen alle unsere Eltern draußen. Alle hatten
Angst und schauten nur erschrocken. Schließlich kam dann die
Polizei und befragte den Mann und es stellte sich heraus, dass
es wirklich nur ein Wanderer war, aber wir waren alle einfach
so verängstigt.

Ich erinnere mich noch, dass ich ein paar Mal während des
Rennens gestolpert bin und ich glaube, dass ich bis heute noch
Narben auf dem Knie davon habe. Ich bin damals zu meiner
Mutter gelaufen und habe nur noch geweint und vor Angst
gezittert. Es war mir egal, ob mich dabei jemand gesehen hat.
Ich war direkt auf unserer Veranda und habe mir dabei in die
Hose gepinkelt. Ich fing sogar an, an meinem Daumen zu
lutschen, ich war stark traumatisiert und habe mich davon auch
nie wirklich erholt.

Ich werde diesen Tag nie vergessen. Ich hatte zwar immer
Angst, dass mich mein Vater schlagen würde, aber das war eine
ganz andere Art von Angst. Das war das erste Mal, dass ich
wirklich pure Angst gespürt habe. Es war nicht wirklich etwas
wonach ich suchte, aber es hat mich gefunden.

Zwei Monate später zogen wir nach Sunnyvale. Unser neues Zuhause war vier Häuser vom Bahnhof entfernt und es war eben keine Wohnung mehr, sondern ein Maisonette-Haus. Die Nachbarschaft dort war sehr freundlich. Es war, als ob wir von „Mayberry"- in „Überlass es dem Biber"-Stadt umgezogen sind. In der Stadt gab es nur ein Postamt, ein Greyhound Busbahnhof und einen Grissos Markt, der Schweineköpfe verkaufte.

5

DER ZODIAC-KILLER

E s gibt oft Situationen im Leben in denen sich alles verändert und so war es bei mir: Ich habe Probleme gemacht, indem ich mit dem Weichenschieber am Bahnhof herumgespielt habe. Es war Pams Geburtstag, sie war die Schwester meiner Freundin Kathy. Mein Bruder und ich, zwei Freunde, Brian und Robin und Kathy waren am Trinken. Dann rief Pam an und sagte, dass ihre Mutter Kathy bei Round-Table Pizza abholen würde, da es ja Pams Geburtstag war. Also sind wir alle dorthin gegangen und sind dabei am Bahnhof und am Shopping-Center vorbeigekommen. Auf dem Rückweg haben wir dann alle eine Flasche Black Velvet, die ich noch in meiner Tasche hatte, getrunken.

Aus dem Nichts kam auf einmal ein Typ mit einer Machete in der Hand und schrie: „Ich werde dir die Eier abschneiden." Brian schubste ihn und wir gingen dann schnell weg auf die andere Seite des Bahnhofs. Als wir auf der anderen Seite ange-kommen waren, sahen die ganzen Passagiere auch sehr erschro-cken aus, da dieser Typ sie auch belästigt hatte. Wir versuchten dann eine Abkürzung nach Hause zu nehmen, indem wir ein Loch in einen Zaun machten.

Ich gab Brian etwas zu trinken und wir haben dann alle nacheinander daran getrunken. Wir haben nur dagesessen und diesen Kerl beobachtet. Ich war ziemlich wütend auf diese Machete schwingende Person, da er damit auch schon ein Kind angegriffen hat. Das Kind wollte nur eine Zeitung kaufen und der Typ hat auf seiner Behauptung, dass die Zeitungsmaschinen seine seien, beharrt. Wir sind wieder zurückgegangen und haben mit meinem Bruder gesprochen, da er der Älteste war. Mein Bruder wollte damit aber nichts zu tun haben. Ich erinnerte mich wieder an den Tag, an dem ich solche Angst hatte und ich wollte diese Angst nie wieder verspüren.

Wir haben uns entschieden uns den Kerl vorzunehmen. Also haben wir erstmal einen Joint bei mir Zuhause geraucht und Brian und ich holten dann sein Gewehr. Brian hatte ein 22er Long Barrel Gewehr –es war ein Einzelschuss-Gewehr. Er nannte es sein „Reh-Gewehr". Er montierte sein Ziel Rohr auf das Gewehr und richtet es aus und dann sagte er: „Ich habe ihn im Visier.". Ich habe meine Meinung dann doch wieder geändert, also haben wir die Waffe wieder eingepackt und sind wieder zurück zu mir nach Hause gegangen.

Wir haben nochmal einen Joint geraucht und sind dann in meine Garage gegangen. Da haben wir uns dann ein paar Baseballschläger geschnappt und sind dann wieder durch das Loch im Zaun zurück zum Bahnhof gegangen. Mein Bruder ist uns gefolgt. Wir haben versucht die Baseballschläger hinter unseren Rücken zu verstecken, als wir uns diesem Typen näherten. Ich provozierte den Mistkerl mit: „Hey Mister, wollen Sie uns immer noch die Eier abschneiden?". Brian schlug ihn dann von oben und ich von unten, wir haben den Typen wirklich fertig gemacht.

6

EIN ALTER VON ZWÖLF JAHREN

D en typen niederzuschlagen veränderte mein Leben. Wir wurden deswegen verhaftet und die Polizei durchwühlte das ganze Haus und suchte nach uns. Bernice und Harold waren ein älteres Ehepaar und Freunde meiner Mutter. Sie wussten was passiert war und haben die Polizei verständigt, da sie uns in dieser Nacht völlig blutverschmiert gesehen haben. Wir wurden verhaftet und mein Bruder hat ihnen alles, wirklich alles, erzählt.

Mit 12 Jahre habe ich meinen absoluten Tiefpunkt erreicht. Ich war ein richtiger Drogenabhängiger, alles was ich wollte, war nur noch high zu sein. Ich ging auch nicht mehr zur Schule und habe nur noch den ganzen Tag getrunken. Und jetzt musste ich ins Gefängnis. Meine Eltern ließen sich kurz nach dem Vorfall am Bahnhof scheiden. Ich denke, dass meine Mutter meinen Vater für mein Verhalten schuldig gemacht hat.

Mein Bruder ist mit meinem Vater gegangen und so war meine Mutter alleine. Jimmy hat mir nie erzählt, warum er nicht bei unserer Mutter geblieben ist. Aber ich schätze, dass er wegen dem Geld bei ihm geblieben ist, da er ja sein eigenes Appliance-Unternehmen hatte.

Vor Gericht wurde wir dann zu viereinhalb Jahren Gefängnis, wegen Körperverletzung mit einer tödlichen Waffe, verurteilt und so begann meine kriminelle Karriere.

7

JUGENDGEFÄNGNIS (CYA)

Ich wurde ins O.H. Jugendgefängnis (CYA) in Stockton gebracht. Ich habe sofort mit dem Sport angefangen, da ein Programm angeboten wurde und ich war gelangweilt und brauchte irgendeine Beschäftigung – Schließlich war ich immer noch nur ein 12-jähriges Kind.

Ich war ein guter Läufer. Ich habe auch beim 50-Meter- und 100-Meter-Lauf mitgemacht. Ich war sogar der Schnellste im 200-Meter-Sprint und war zudem noch ziemlich gut beim Staffellauf. Außerdem habe ich noch Flag Football, Volleyball und Basketball gespielt. Ich habe die K.H.S. Trophäe immer noch bei mir Zuhause stehen und ich kann mich noch daran erinnern, wie ich den Sieg von der Foullinie geholt habe. Ich habe dank des Unterhand-Shots im Granny-Stil, wie Rock Berry, gewonnen.

Ich wurde dort auch unterrichtet und bin auch relativ schnell bis zum High-School-Diplom aufgestiegen. Ich beendete die Schule und nahm dann an einem College-Programm teil, das dort angeboten wurde. Danach habe ich dann meinen

Abschluss in Associate of Arts (A.A.) in Soziologie gemacht. All das habe ich mit 17 ½ erreicht.

Ich kann also sagen, dass der Staat mich großgezogen hat.

Meine Freundin Kathy blieb für etwa drei Jahre in Kontakt mit mir, sie hat mir immer Briefe und Bilder geschickt – Ich habe sie in dieser Zeit wirklich sehr vermisst, da sie meine erste große Liebe war. Das Traurige war, dass ich nie Besuch bekommen konnte, weswegen ich mich sehr alleine gefühlt habe. Ich sehnte mich nach meiner Familie. Dennoch hatte ich das Gefühl, dass meine Familie und meine engsten Menschen mich liebten und immer auf meiner Seite wären, egal was auch passiert. Es ist aber leider nie etwas passiert und ich hoffe wirklich, dass ich nicht tief in mir noch sauer deswegen bin.

✖ ✖ ✖

Der Tag war endlich gekommen, an dem ich auf Bewährung wieder frei gelassen wurde. Überraschenderweise, war es mein Vater, der mich abholte, und nicht meine Mutter. Anstatt nach Sunnyvale zurückzukehren, wie ich dachte, zog ich nach Bangor, Kalifornien, um mit meinem Vater auf einem Grundstück zu leben, dass meine Großeltern besaßen. Der Ort war 27 Meilen von der Stadt entfernt. Um ins Kino oder sonst wo hinzugehen, musste ich per Anhalter fahren. Wir lebten in einem Camper und mussten ein Plumpsklo benutzen und ich duschte immer mit dem Gartenschlauch. Es war schon ziemlich hart, aber es war immer noch besser als im Gefängnis zu sitzen. Trotzdem war das der letzte Ort, an dem ich seien wollte. Mein Vater ging jede Nacht in die Bar und betrank sich. Er brachte immer die erstbeste Frau mit, die er beim Trinken kennenlernte. Der einzige Vorteil war, dass es meistens sehr ruhig war, außer wenn sie Sex hatten und es im Camper hallte – Dies ließ mich meine Freundin vermissen.

Ich bin einmal weggerannt, um Kathy zu besuchen. Sie wohnte nicht weit entfernt von meiner Mutter. Als sie zur Tür kam, küsste ich sie und wir rissen uns die Kleider vom Leib und hatten Sex. Kurz vor dem Ende hörte ich ein Baby im hinteren Teil des Hauses schreien. Ich fragte sie, wer das war und sie antwortete, dass es ihr Kind sei. Ich war natürlich geschockt und wollte es sehen und nun verstand ich auch, warum keine Briefe mehr kamen.

Während ich etwas in der Stadt herumlief, sah ich meinen Bruder Jimmy. Es war mittlerweile vier Jahre her, seit wir uns gesehen haben. Er hat sich aber kaum verändert, nur dass er jetzt einen Bart hatte und verheiratet war. Wir unterhielten uns ein wenig und gingen zu seinem Haus, um etwas zu essen. Ein bisschen später ging ich dann wieder in die Stadt.

Als ich Jimmy später an diesem Tag noch einmal traf, war er sichtlich aufgebracht. Er hat mir erzählt, dass unser Vater angerufen hat und nach mir gefragt hat. Mein Bruder hat ihm erzählt, dass ich bei ihm war. Ich sagte dann nur zu Jimmy, dass ich bald wieder nach Hause zurückkommen würde, dass ich jetzt gerade aber nach alten Freunden suche. Mein Vater war sehr wütend und meinte zu Jimmy, dass, wenn ich nicht zurückkommen würde, ich gegen meine Bewährungsauflagen verstoßen würde und wieder zurück ins Gefängnis müsste. Das war das Letzte was ich wollte, also ging ich widerwillig wieder zurück. Ich kaufte mir ein Greyhound-Ticket und nahm diese einsame Reise zurück nach Hicksville auf mich.

Mein Motto wurde: „Wenn ich nicht gegen sie sein kann, dann werde ich teil von ihnen." Ich schrieb mich beim Butte Junior College ein und nahm Psychologie-Klassen. Ich fing dann auch an auf dem Campus abzuhängen und dort waren auch mehr Leute in meinem Alter. Ich lernte ein paar gutaussehende Mädchen kennen, die ebenfalls gerne tranken und auf Partys gingen. Eine dieser Mädchen wurde meine Freundin.

Später fand ich heraus, dass ihr Bruder Meth kochte. Ihr Bruder und ich wurden schnell Freunde und er zog mich schon bald in den Handel mit ein. Ich habe gelernt, wie man Metamphetamine herstellt und somit konnte ich jetzt kostenlos high werden.

8

ANGIE

Ich war jetzt Meth-Koch und hatte eine Möglichkeit, Geld zu verdienen. Ich habe auch nach einer Zeit keine Angst mehr beim Kochen gehabt. Manche Leute wurden während des Kochens verbrannt, oder Schlimmeres und ich habe es für eine Weile lang gemacht – Die Droge verbreitete sich immer weiter und zeigte keine Gnade für niemanden. Menschen starben täglich an Folgen der Droge.

Meine Beziehung wurde intimer mit einem der Mädchen, mit dem ich zusammen war. Sie war meine beste Hoffnung auf ein besseres und normales Leben. Ich kannte keine wahre Liebe und ich nahm an, dass sie es war. Also haben Angie und ich geheiratet. Sie war mein Engel. Sie nahm keine Drogen und trank nur etwas Wein. Ich war 25, und es hieß jetzt oder nie.

Während ich einmal draußen war, wurde ich abgeholt und ich war zu dem Zeitpunkt immer noch auf Bewährung. Ich hatte solche Angst, ich würde wieder ins Gefängnis zurückmüssen, deswegen zeigte ich Angie meine Liebe für sie. Wir haben am Telefon geheiratet und der Pastor war ebenfalls in der Leitung – Es war verrückt! Ich hatte beide Personen jeweils an einem Ohr und die Zeremonie dauerte nur fünf Minuten. Angie hatte vorher schon einen Ring gebracht. Ein Polizist überreichte mir den Ring am Ende der Telefon-Zeremonie. Als ich wieder vor Gericht stand, sagte der Richter nur: „Oh, sie sind jetzt verheiratet. Gehen sie und vollenden sie ihre Ehe.". Er hat mein Urteil aufgehoben und mich nach Hause geschickt.

Wir haben versucht eine normale Ehe zu führen, aber sie wollte mein Leben kontrollieren. So hatte ich wieder begonnen zu trinken und Gras zu rauchen, um mit diesem neuen Stress fertig zu werden. Es hat nicht lange gedauert und drei Jahre nach unseren Gelübden, habe ich wieder Meth verkauft. Ich habe wieder damit angefangen, da ich fast kein Geld hatte und sie sich immer darüber beschwert hatte. Ich wusste auch, dass das Meth-Dealen eine sehr simple Angelegenheit war und ich habe somit wieder sehr schnell viel Geld verdient. Ich konnte meiner Frau endlich sagen, dass sie sich nicht länger von Scheck zu Scheck kämpfen müsste und sie liebte diese neue Einkommensquelle. Sie konnte jetzt immer kaufen, was sie wollte und sie hat mich endlich in Ruhe gelassen. Ich musste mir nichts mehr anhören, wenn ich nach Hause gekommen bin.

Je tiefer ich wieder in der Szene war, desto weniger haben wir miteinander geredet. Ich blieb teilweise stundenlang oder sogar tagelang von Zuhause weg und wenn sie mich sah, war sie besorgt um meine Gesundheit. Sie wollte nur noch, dass ich zu Hause blieb, aber ich wollte mir ihr Geschwätz nicht anhören müssen.

Nach einer Weile, entschied ich mich etwas gegen die neue Sucht zu tun und begann einen Entzug. Es war für mich normal, teilweise wochenlang mehr oder weniger wach zu bleiben. Der Entzug war für mich eine neue Hoffnung. Dieser Entzug wurde auch sowohl von ihrer Versicherung, als auch von meinem Job gedeckt und mein Chef wusste ja, dass ich auch auf der Arbeit trinke, also ließ er mich auch gehen.

Das Ganze dauerte nur 16 Tage. Ich fand, dass es ganz gut lief und dann sh ich Angies Freundin Pam. Sie war der einzige Besuch, den ich dort hatte. Ich sah sie an, als sie den Flur hinunterkam und ich lächelte. Sie hatte einen eher unruhigen Ausdruck in ihrem Gesicht und ich fragte sie deshalb: „Was ist los Pam?". Sie antwortet darauf nichts und übergab mir nur einen großen Umschlag. Ich habe die Scheidenpapiere bekommen. Ich schaute aus dem Fenster und sah Angie in einem Auto sitzen. Ich warf meine Hände in die Luft und dann kam sie schließlich zu mir und teilte mir mit, dass sie sich wirklich nicht scheiden lassen wollte, aber dass es das war, was ihr die Eheberater empfohlen haben. Jeder erzählt ihr, dass ich Zeit brauchte, um mich auf mich selbst zu konzentrieren. Ich sagte einfach nur „Okay" und unterschrieb die Papiere.

Das war aber nicht die einzige schlechte Nachricht, die ich während meines Entzugs erfahren musste. Das Haus meiner Großeltern ist abgebrannt und mein Großvater hat es nicht mehr rechtzeitig herausgeschafft und ist dort ums Leben gekommen. Meine Großmutter schilderte mir den Vorfall und erzählte mir, dass sie meinen Großvater in Flammen sah und er vor der Haustür zusammenbrach, während er noch vergeblich versuchte das Haus zu verlassen. Er hat ihr das Leben gerettet. Die Nachbarn haben versucht das Haus noch zu retten, aber jede Hilfe kam zu spät. Mein Großvater ist an diesem Tag verstorben.

Ich frage mich immer, ob ich etwas hätte tun können, wenn ich dort gewesen wäre.

Jetzt war mein Großvater nicht mehr da. Ich durfte auch nicht zur Beerdigung, da es in der frühen Phase meines Entzugs zu viel gewesen wäre – Es tat mir so weh, nicht da gewesen zu sein. Ich versuchte mich zu bessern, aber ich konnte mich zu dieser Zeit einfach auf nichts konzentrieren.

Bald schon war ich wieder auf einem besseren Weg und ich fragte mich, wohin ich jetzt gehen würde. Meine Familie wollte nicht, dass ich nach Hause komme, weil sie dachten, dass ich wieder Meth kochen würde. Sie haben mir gesagt, dass die ATF und die DEA schon überall in den Hills waren. Es gab mindestens einmal pro Woche Explosionen in den Hills in de Meth-Laboren. Ich weiß nicht, was sie falsch gemacht haben, aber wegen ihnen, hatten die Behörden unsere Gegend im Visier. Man konnte Helikopter und die Polizei mit Geländefahrzeugen den ganzen Tag überhören. Ich wusste auch, dass es ein schweres Verbrechen war, Meth zu kochen, aber was sollte ich tun und wo sollte ich hin? Meth war das Einzige, das mir Geld in meine Taschen brachte. Zu dieser Zeit war einfach zu viel in meinem Leben und in meinem Kopf los. Ich blieb zwar von den Hills weg, aber ich wusste nicht wirklich, was ich mit meinem Leben anfangen sollte.

Es stellte sich heraus, dass ich jetzt noch tiefer in s Geschäft einsteigen würde...ein Freund von mir machte mich mit Heroin bekannt.

HEROIN

Heroin sorgt für ein warmes Gefühl im ganzen Körper. Ich fühlte mich unsichtbar und zuerst ging es mir dabei gut, aber als meine Sucht größer wurde, begann ich mich immer schlechter zu fühlen. Je mehr ich genommen habe, desto mehr brauchte ich. Ich habe mir immer eine volle Spritze davon verabreicht. Das Schlimme an Heroin ist, dass man nie weiß, was drin ist oder womit es gestreckt wurde. Bei meinem selbstgemachten Meth wusste ich immerhin was drin war.

Gelegentlich hatte ich auch mal wirklich gutes Heroin, meistens aber eher nicht. Und ich hatte dreimal eine Überdosis an Heroin genommen. Ich wurde mit jeder Spritze leichtsinniger und manche Leute, die ich kannte sind auch daran gestorben. Ich wusste also, dass ich auch auf dem besten Weg dorthin war. Ich wusste auch, dass ich Hilfe brauchte, deswegen bin ich zur Entgiftung ins Zentrum der Stadt gegangen. Wenn ich das nicht getan hätte, hätte ich mich definitiv selbst umgebracht.

Es war nur eine Ambulanz, man konnte also gehen, wann man wollte. Während der Entgiftung habe ich einen alten Freund wieder getroffen, der auch versucht hat, wieder clean zu werden. Ich habe früher mit ihm Meth in den Hills gekocht. Er hatte keine Lust mehr auf das alles und fragte mich, ob ich gehen wolle. Ich war kurz davor, meine Sucht wieder loszuwerden. Mir wurde dort Methadon verabreicht, um mein Verlangen nach der Droge zu stillen. Anfangs hat das auch gut funktioniert, aber mein Körper wollte dennoch Heroin. Ich wusste, dass ich clean bleiben musste. Der Typ, den ich dort wieder getroffen habe, wollte ernsthaft gehen. Er hat mich immer wieder gefragt, mit ihm mit zu gehen. Ich fragte mich nur, was es bringt, ohne jegliches Geld wieder abzuhauen. Daraufhin erzählte er mir von etwas Drogen und Geld, welches er vergraben hat. Das war alles was ich zu hören brauchte und wir waren dahin.

Ich fing dann wieder an, Drogen zu verkaufen, aber dieses Mal ließ ich die Finger von Heroin. Ich hatte einfach keine Kontrolle über diese Droge. Zumindest konnte ich bei Speed wählen, wann ich es zu mir nehme. Heroin habe ich morgens schon gebraucht, nur um mich normal zu fühlen. Das war ein Laster, von dem ich mich sehr gerne befreit habe.

10

MITEINANDER AUSGEHEN

I ch habe Fortschritte in meinem Leben gemacht und ich habe wieder angefangen, zu daten. Ich habe diese süße Norwegerin getroffen, sie arbeitete als Yoga-Lehrerin. Sie war ein kleines süßes Ding, das nur 1,50 m groß war und wahrscheinlich nur 49kg wog. Sie war eine Blondine mit hellblauen Augen. Alles an ihr hat mir gefallen und sie hatte einen wundervollen Charakter.

Wir sind schnell zusammengekommen und der Umzug mit ihr war das Beste, was mir passieren konnte. Oder so dachte ich zumindest.

Eines Tages fand sie mein Versteck. Ich war der typische Abhängige der high werden würde und sein Zeug überall versteckt hat. Ich hatte Speed im ganzen Apartment verteilt und es stellte sich heraus, dass sie auch Drogen nahm. Während ich schlief, hat sie immer meine Taschen geplündert und sich genommen, was sie wollte.

Ich war komplett betrunken und bin in der Badewanne eingeschlafen. Ich habe ungefähr acht Tage am Stück durchgefeiert, was nichts Besonderes mehr für mich war. Wie sie mir das antun konnte ist mir ein Rätsel. Ich weiß nur, dass sie sehr wütend auf mich war und ich kann mich nicht mehr daran erinnern, ob ich etwas falsch gemacht habe oder, ob sie einfach nur auf Drogen war. Wie sie sich an mir gerächt hat, erkläre ich im Folgenden.

Sie hat Heftzwecken unter den Badezimmerteppich geklebt, während ich dort lag. Auch hat sie Black Flag Insektizide Kanister im ganzen Apartment verteilt und angezündet. Sie hat sogar etwas in meine Wanne gesprüht – Das niedliche kleine Mädchen, das ich so sehr liebte, hat versucht mich umzubringen.

Sie hatte Handtücher an ihre Füße geklebt, damit sie sich nicht selbst verletzt. Sie ist dann aus dem Raum verschwunden und ich bin aufgewacht, da das Wasser kalt geworden ist. Als ich aus der Wanne stieg, spürte ich einen Schmerz in meinem Fuß, ich war auf eine Heftzwecke getreten. Ich habe dann aufgrund des Rauches sehr stark zum Husten angefangen und ich konnte das Gift schon riechen. Sie stand einfach nur bei der Haustür. Sie schrie daraufhin: „Ich habe versucht, dich zu warnen!". Ich rannte schnell zu ihr, nahm ihr die Dose ab, öffnete ein Fenster und schmiss diese dann raus. Danach habe ich dann alle Fenster und die Haustür geöffnet.

Ich wickelte ein Handtuch um mein Gesicht, um keinen Rauch mehr einzuatmen und dann halt ich sie fest in meinen Armen, als sie anfing zu weinen. Ich fragte sie dann, ob alles bei ihr in Ordnung sei. Alles was sie sagte, war ein Kopfnicken und ein „Ja" – Ich habe mich dann angezogen. Ich habe dann alle Utensilien und Drogen aus dem Haus in mein Auto gepackt, habe ihr 2000$ gegeben und bin dann abgehauen.

Ich habe das ganze Zeug zu einem Freund gebracht, da ich mich

erstmal untersuchen lassen musste, um zu sehen, ob ich irgend-
welche Nachfolgen habe. Ich ging ins Krankenhaus und sofort
in die Notaufnahme – Es dauerte zwar eine Weile, aber schließlich ist dann noch ein Arzt zu mir gekommen. Sie haben mir
deine eine Antibiotika-Spritze in den Hinter gegeben und
haben mich beruhigt, da ich dem Spray nur für eine kurze Zeit
ausgesetzt war und es somit keine Nachfolgen geben würde. Als
ich der Ärztin die Geschichte mit meiner norwegischen
Freundin erzählte, fing sie nur an zu lachen. Ich dachte, sie
würde die Polizei rufen, aber wahrscheinlich hat sie mir einfach
nicht geglaubt.

Ich habe die Polizei aber auch nie gerufen, da ich nicht wollte,
da sie noch involviert sind, da ich die Polizei wirklich nicht
ausstehen konnte. Aber ich sah das als Warnsignal, dass diese
Frau pures Gift war, und ich habe sie auch nie wiedergesehen.

✖ ✖ ✖

Danach hatte ich einen weiteren Vorfall mit einer
Freundin. Meine neue Freundin hat mit weißen
Rassisten abgehangen und diese wollte eines Tages etwas Speed
von mir kaufen. Sie waren zwar aus meiner Gegend, aber
trotzdem waren sie ziemlich gefährlich. Anfangs war ich eher
etwas skeptisch, Geschäfte mit ihnen zu machen. Sie organi-
sierten nämlich die Drogendeals und ich habe einmal in der
Zeitung gelesen, dass ein Freund von mir von diesen Leuten
hingerichtet wurde. Er wurde beschuldigt, sich etwas von dem
Produkt genommen zu haben. Sie haben dann eine Fahrt
gemacht, bei dem sie auf einer selten befahrenen Straße
entlangfuhren und meinen Freund dann aus dem Auto holten.
Sie verbanden ihm die Augen und zwangen ihn sich hinzule-
gen, dann schossen sie ihm in den Kopf.

Ich wollte nicht so enden. Als ich von diesem Mord erfuhr, begann ich so zu tun, als ob ich high wäre und ich machte immer nur unverständliche Aussagen, so als ob ich gar nicht anwesend gewesen wäre. Ich habe mich dann nur noch so seltsam verhalten und habe sie gefragt, ob sie auch diese Spuren sehen würden. Am nächsten Tag fuhr ich mit der Farce fort und sagte zu ihnen: „Wie viel von dem Zeug habt ihr mir gegeben? Ich kann mich an nichts mehr erinnern.". Danach habe ich die Stadt wieder verlassen.

11

NÜCHTERN

Ich war ungefähr zwei Jahre lang nüchtern. Mein Leben war ziemlich gut, ich war 46 Jahre alt und lebte in Gilroy. Ich erhielt Sozialversicherungs-Invaliditätseinkommen (S.S.D.I.) – Es war gerade genug Geld, um meine Rechnungen zu bezahlen und jeden Monat ein paar Dollar zum Leben übrig zu haben. Ich habe das bekommen, weil ich Alkoholiker und Drogenabhängiger war. Die meiste freie Zeit habe ich den Treffen der anonymen Drogenabhängigen e(N.A.) und meiner Genesung gewidmet. Ich habe meine eigenen Treffen organisiert und ich sponserte sogar ein paar dieser Leute. Die Treffen fanden immer in dem alten Gilroy-Feuerwehrhaus statt, mittlerweile ist es die Station 55.

Eines Tages kam dieses neue Mädchen vorbei, sie war wie ein frischer Atemzug und ich konnte meine Augen nicht von ihr lassen. Norman, eines unserer Mitglieder, meinte nur zu mir: „Nicht dieses Mädchen.". Ich habe nur gelacht und bin gegangen.

Nach dem Treffen habe ich ihr meine Nummer gegeben und wir haben miteinander geredet. Sie schien mir vollkommen in

Ordnung zu sein und so haben wir uns auch außerhalb dieser Meetings getroffen, um etwas zu reden und zu rauchen. Es gab viele Dinge, die wir gemeinsam hatten. Unsere Gespräche dauerten immer ewig und dann sind wir einmal zusammen Sushi essen und einmal sogar zusammen Frühstücken gegangen.

Eines Tages ging ich zu ihr nach Hause und wollte sie abholen. Sie war betrunken. Ich fragte sie dann was los sei und sie redete dann nur von ihrem Ehemann und ihrer Familie. Sie regte sich auch über den Umzug auf, den sie, von dem Haus ihres Ex-Mannes wieder zurück nach Gilroy, noch vor sich hatte. Ich wollte ihr helfen. Sie gab mir 400$ und dann half ich ihr mit dem Umzug.

Als sie wieder bei ihrer Mutter lebte, bat ich die anderen Frauen in unserem Programm, sie immer abzuholen und zu den Meetings mitzubringen. Ich habe wirklich versucht sie zu ermutigen, mit dem Trinken aufzuhören. Ich glaube, dass wir gerade sechs Monate zusammen waren. Sie wurde langsam wieder nüchtern. Eines Tages erzählte sie mir, dass sie jemanden brauchte, der mit ihr ins Motel geht, da sie von ihrer Mutter rausgeschmissen wurde. Also habe ich nicht mehr wirklich an meine Ausgangssperre gedacht und bin dann mit ihr im Motel geblieben.

Das Leben mit ihr im Motel war cool. Nur ihre Regeln musste ich ertragen, welche besagten, dass ich abends immer bei ihr sein musste. Ich bin dann richtig zu ihr gezogen und habe mein Leben im Entnüchterungshaus aufgegeben.

Nach sechs Monaten beschloss ich mal wieder etwas zu trinken. Es war eine Flasche Tequila – Alkohol brachte mich dazu, auch andere Dinge zu tun.

Ich traf dann wieder einige meiner alten Freunde und so war ich wieder in der Drogenszene. Wir sind zwei Jahre lang von Motel zu Motel durch die ganze Stadt gezogen. Sie telefonierte dann wieder mit ihrer Mutter und erzählte ihr von mir. Ihre Mutter und ich hatten uns im Laufe der Zeit immer besser verstanden. Also schickte sie einen ihrer Söhne zum Motel, um mich zu überzeugen, wieder nüchtern zu werden. Diese Nüchternheit hielt für ungefähr eine Woche und dann war ich wieder drin. Ich denke, man kann sagen, dass ich eine süchtige Persönlichkeit habe. Ihr Bruder warnte mich vor zwielichtigen Dingen in ihrem Leben und er riet mir, sie besser alleine zu lassen, da sie vielleicht in dem Motel ermordet werden könnte. Ich sagte, dass es mit mir nicht dazu kommen wird.

Einmal hat sie dann die Polizei gerufen und über mich gelogen. Es war der Klassiker: Die Geschichte, dass ich sie geschlagen habe, nur um mich verhaftet zu sehen. Sie wollte sich nur an mir rächen, dass ich wieder Drogen genommen habe. Vielleicht dachte sie, dass ich so wieder clean werden würde. Ich war zu dieser Zeit wieder im Geschäft und eine Freundin hatte mir erzählt, dass die Polizei beim Motel auf mich warten würde. Als ich sie fragte, was los sei, sagte sie mir nur, dass ich einen 50.000$ Haftbefehl wegen häuslicher Gewalt am Hals hätte. Das machte mich wirklich wütend. Ich habe meine Freundin nie angefasst.

Ich wurde auch einmal am Monterey Highway angehalten, als ein Sheriff, der auch die Straße runterfuhr sich einfach entschied mich aus dem Verkehr zu ziehen. Er hat mich festgenommen, aber ich hatte Glück, da ich dank eines Kautionsschuldners wieder entlassen werden konnte. Ich erhielt dann eine einstweilige Verfügung, die besagte, dass ich mich von ihr fernhalten solle. Ich habe diesem Stück Papier keinerlei Beachtung geschenkt, da ich nicht glauben konnte, dass dies ein legaler und verbindlicher Bescheid vom Gericht war.

Ich hatte keinen Ort mehr zum Leben. Etwas später rief sie mich an und wollte wissen, was ich gerade so mache. Ich war damit einverstanden und stattete ihr einen Besuch ab. Sie gab mir dort ihre Debit-Karte und bat mich, ihr eine Flasche Alkohol zu kaufen. Anstatt ihr eine Flasche zu holen, kaufte ich zwei für sie und drei für mich. Ich brachte ihr den Wodka, den sie mochte und einen Whisky für mich. Außerdem habe ich noch zwei Schachteln Zigaretten gekauft.

Wir haben die ganze Nacht wie Rockstars gefeiert. Das nächste, an das ich mich erinnern kann, ist, dass wir uns dann gestritten haben. Um wieder runterzukommen, bin ich nach draußen gegangen, um eine Zigarette zu rauchen. Ich habe ziemlich viel getrunken und war deswegen schon stark betrunken. Ich war immer noch ziemlich sauer, wegen dem Mist, den sie über mich erzählt hatte. Es waren auch ein paar andere Leute draußen, um die ich mich nicht weiter gekümmert habe. Dann kam sie auch nach draußen und sah mich. Dann war da der Typ mit seinen Kumpels. Er hat meine Süße gesehen und hat sie dann angesprochen: „Was geht ab, Süße?". Ich schrie zu ihm, dass das mein Mädchen sei und er antwortete darauf, dass ich mich da raushalten solle. Es schien, als ob sie ihn regelrecht dazu provozierte mich anzusprechen: „Ja, kümmere dich um deine Sachen!", sagte sie. Bevor man sich versieht, haben ich und dieser Typ uns mitten auf der Straße geprügelt. Ich glaube, dass sie auf einmal mitmischen wollte und ich habe sie dann ausversehen erwischt und ihr einen Schlag verpasst. Danach habe ich irgendwie komplett die Kontrolle verloren.

Als ich aufwachte, war ich völlig durcheinander und sie genauso. Wir haben es irgendwie wieder zurück in unser

Zimmer geschafft. Ihr Gesicht war angeschwollen, doch sie blutete nicht, aber sie sah stark geprellt und verprügelt aus. Die linke Seite meines Gesichts war total schwarz. Ich fragte sie daraufhin, was passiert war und alles was sie machte, war aus der Tür zu rennen. Der Manager hat sie dabei gesehen und ließ sie dann im Pausenraum Platz nehmen. Ich schätze, es sah wohl so aus, als ob wir ausgeraubt worden waren. Sie riefen dann die Polizei und Sanitäter und ich bin dann abgehauen. Meine Freunde haben mich dann bei Walmart abgeholt und ich habe meinen Rausch dann bei einem Freund ausgeschlafen. Er sagte, dass er mich wieder zur Entgiftung bringen würde, aber zuerst brachte er mich, wegen meines Gesichts, in die Notaufnahme. Es hat wirklich sehr wehgetan. Als ich dann in die Notaufnahme eicheckte, bemerkte ich, wie das Personal viele Leute dazu aufforderte, aus dem Weg zu gehen. Das nächste war, dass ich wieder verhaftet wurde.

✖ ✖ ✖

Sie hatten mich wegen häuslicher Gewalt. Ich konnte auch nicht auf Kaution wieder freikommen, weil der Kautionsschuldner mir nicht helfen wollte. Mir wurde gesagt, dass ich jetzt dreieinhalb Jahre wieder ins Gefängnis kommen würde. Ich fragte dann, was ich denn getan habe und wer hier das Opfer war. Ich konnte mich an nichts erinnern, ich hatte einen totalen Black Out. Dies stieß natürlich nur auf taube Ohren.

Mir wurde nur gesagt, dass ich das alles dem Richter erzählen kann.

Ich bekam einen gestellten Verteidiger und während der vorläufigen Anhörung wurde meine Straftaten auf schwere Körperverletzung und versuchten Mord abgeändert. Dies bedeutet eine drastische Änderung meiner Zeit im Gefängnis. Es waren jetzt sieben Jahre oder lebenslänglich. Ich habe mich einfach nur noch gefragt, was zur Hölle passiert ist. Ich habe dann erfahren, dass sie bis zur Unkenntlichkeit geprügelt wurde und, dass ein Teil ihres Gehirns beschädigt wurde, weshalb sie in Lebensgefahr schwebte.

Sie kam auch zu dieser Anhörung und sie sagte gegen mich aus. Sie erzählte eine schreckliche Geschichte, wie ich sie angegriffen und geschlagen habe. Ich war wirklich schockiert, dass jemand, den ich so sehr liebte, sich solche Geschichten ausdenken würde. Vielleicht habe ich ihr diese Dinge aber wirklich im Vollrausch angetan. Nur Gott weiß, was in dieser Nacht wirklich geschehen ist.

Mein Anwalt sagte mir dann, dass ich zu 85% sieben Jahre bekommen werde. Das Strafverfahren sah keine lebenslange Haftstrafe vor, daher nahm ich dies auch schnell an. Während ich dann im Gefängnis saß, schickte sie mir einen Brief, indem sie versuchte, sich zu entschuldigen.

Das Bezirksgefängnis, in dem ich untergebracht war, war hart. Man musste sich nicht nur um die Insassen sorgen machen, sondern man musste wirklich auf die Wachen achten. Ich war in einer Einzelzelle, also hatte ich keine Zellennachbarn, um den ich mir noch sorgen machen musste. Es gab dort nämlich wirklich schlechte und aggressive Offiziere – Sie haben immer wieder Leute zusammengeschlagen, die ihren Befehlen nicht sofort gefolgt sind.

Eines Tages, als ich wieder vom Gericht zurückkam, bat ich darum, mit einem Psychologen zu sprechen. Das Gericht und die Zeit, die ich noch absitzen musste, wurden mir zu viel. Ich habe dort das letzte bisschen Verstand, den ich noch hatte, verloren. Die Krankenschwester, die herumlief, holte zwei Wachen herbei. Die zwei kamen dann in meine Zelle und prügelten mich und fesselten mich dann, um mich in den Verhörraum zu zerren. Als ich dann das Gespräch mit der Psychologin hatte, sagte ich, dass die Wachen mich umbringen wollten. Eine Wache schaute die Psychologin dann nur an und fragte, was er machen sollte. Sie hatte mich zuvor schon einmal gesehen und meinte, dass sie mich noch nie in diesem Zustand gesehen hatte, weshalb sie dann ihren Vorgesetzten anrief, um zu fragen, was zu tun ist.

Ich war jetzt ganz alleine in dem Raum. Ich hatte große Angst, da ich wusste, zu was die Wachen fähig waren. Sie haben mich nackt ausgezogen und mich in Ketten gelegt. Ich wurde in einen Raum gebracht und mir wurde dort dann eine Selbstmordkleidung gegeben und ich wurde bewacht. Ich wollte es nicht tun.

Als sie mich in den gepolsterten Raum schleppten, haben sie mich am Arm verletzt. Ich hörte nicht auf an der Tür zu treten und nach einem Arzt zu schreien. Eine Wache kam dann zur Tür und schaute mich nur an und sagte mir, dass mein Arm schon nicht gebrochen sei. Er warnte mich dann, meine Klappe zu halten oder sie würden mich noch schlimmer prügeln. Ich hörte nicht auf und somit schlugen sie auf mich ein, bis ich ohnmächtig wurde.

Ich wurde dann schließlich zu einem Arzt gebracht und mein Arm war wirklich nicht gebrochen. Das Verrückte ist, dass diese beiden Wachen jetzt auch im San Quentin sitzen, da sie einen Insassen getötet haben, weil er sich weigerte seine Medikamente zu nehmen.

12

DAS ENDE

Ich bin jetzt seit sieben Jahren nüchtern und jetzt warte ich nur noch bis ich entlassen werde. Ich habe zwar einige gesundheitliche Probleme, aber abgesehen davon bin ich bereit dafür, eine nette Frau zu finden und endlich ein normales Leben zu führen. Ich möchte am liebsten auf eine Kreuzfahrt gehen und einfach nur entspannen und Bingo und Shuffleboard spielen. Sie wissen schon, einfach mein Leben zu leben. Ich habe zu lange im Gefängnis gesessen und viel zu viel Zeit damit verbracht, Drogen hinterher zu rennen. Ich bin eines Morgens aufgewacht und sagte mir, dass das nicht ich bin. Ich bin besser als das. Ich praktiziere jetzt auch Buddhismus. Ich bin ein Laie und der Buddhismus leitet mich in meinem Leben. Ich habe auch ein Gelübde zum Buddhismus abgelegt. Hoffentlich hält mich das jetzt von den Drogen fern – Ich kann es kaum erwarten, zu sehen, dass es funktioniert.

EAST OAKLAND TIMES, LLC

Die East Oakland Times, LLC (EOT) ist ein multimedialer Verlag mit Sitz in der San Francisco Bay Area. Gegründet von Chefredakteur Tio MacDonald, hat das EOT zwei Prinzipien: Das Prinzip der Würde des Lebens und das Prinzip der Freiheit. EOT unterstützt den Fortschritt der Menschheit durch den Frieden. Frieden wird gefunden werden, wenn Menschen die Würde des Lebens und das Prinzip der Freiheit achten und ehren.

Aktuelle Projekte beinhalten:

- Veröffentlichung der My Crime-Serie
- Die Veröffentlichung originaler Häftlings-Kunst und deren Bücher
- Podcasts aus Kaliforniens Todeszellen
- Vierteljährliche Print-Veröffentlichung für die kostenlose Verteilung auf den Straßen East Oaklands
- Website, die der Berichterstattung der Insassen über aktuelle Ereignisse gewidmet ist

Bitten denken Sie daran, dass sie durch eine Bewertung andere dazu ermutigen, die Bücher der My Crime-Serie zu kaufen und somit EOTs Mission zu unterstützen.

Für spannende Bonusmaterialien der My Crime-Serie, wie z.B. Aufnahmen von Jay Jay aus San Quentin über das Buch, gehen Sie auf www.crimebios.com

Unterstützen Sie EOT durch den Kauf von EOT-produzierten E-Books, gedruckten Büchern und Hörbüchern!

Bleiben Sie positiv!

Und seien Sie gesegnet!

Machen Sie's gut!

Tio MacDonald

East Oakland Times

Gründer & Chefredakteur

EAST
OAKLAND

www.ingramcontent.com/pod-product-compliance
Lightning Source LLC
Chambersburg PA
CBHW060645280326
41933CB00012B/2163